ADIVINANCERO DOS

Adivinancero Dos
Valentín Rincón, Cuca Serratos y Gilda Rincón

Segunda edición: Producciones Sin Sentido Común, 2015

D. R. © 2015, Producciones Sin Sentido Común, S. A. de C. V.
    Avenida Revolución 1181, piso 7,
    colonia Merced Gómez,
    03930, México, D. F.

Texto © Valentín Rincón, Cuca Serratos y Gilda Rincón
Ilustraciones © Alejandro Magallanes

Con la colaboración en las ilustraciones del Taller de Alejandro Magallanes:
Ana Laura Alba, Abraham Bonilla, Martín Pech, Roberto Petiches,
Camila Szwarcberg, Marco Antonio del Toro y Bruno Valasse.

ISBN: 978-607-8237-76-0

Impreso en México

ADIVINANCERO DOS

Valentín Rincón, Cuca Serratos y Gilda Rincón

NOS
TRA
EDICIONES

Índ

Introducción

La típica adivinanza nace del ingenio y la imaginación del pueblo.

Es una manifestación tradicional que a su vez posee una enorme riqueza literaria. De una manera sencilla el pueblo logra esa riqueza con recursos inusitados: es propio de él expresarse con lenguaje metafórico; basta observar sus dichos y refranes: *es ajonjolí de todos los moles, ...camina con pies de plomo, de tal palo tal astilla.* En las adivinanzas, la metáfora suele también estar presente:

**Una nube de metal
que cuando lo quieres llueve
a temperatura ideal.**

(la regadera)

Las adivinanzas siempre están en verso y esto determina su principal diferencia con los demás acertijos. Predominan las adivinanzas con versos octosílabos, como muchos corridos, refranes o coplas.

**¿Cuál es la sábana blanca
que se corta sin tijera,
pero que verla cortada
casi nadie lo quisiera?**
(la leche)

**A esta fruta se le culpa
de ser cosa del demonio,
pues comieron de su pulpa
los del primer matrimonio.**
(la manzana)

La adivinanza es un juego y un reto: quien la plantea desafía a su interlocutor a resolver un enigma. Por eso este acertijo se adorna con elementos para desorientar al receptor, para animarlo a desentrañar el enigma, para provocarlo o para burlarse de él. Por ejemplo, agrega: *Tú que todo lo adivinas…, …no lo adivinas ni en un mes, …el que no me lo adivine será un burro cabezón.*

•

Si se busca en el diccionario la palabra **adivinanza**, se nos remite a *acertijo*, que es una "especie de enigma para entretenerse en acertarlo". En toda adivinanza está implícita la pregunta: "¿qué es lo que…?" y ello quiere decir que las adivinanzas son definiciones, o descripciones que contienen elementos esenciales del objeto que se busca. En ello se parecen a los diccionarios y a los crucigramas; pero a diferencia de éstos, cuyas definiciones son claras y precisas, las de las adivinanzas son trucadas de diversa manera, para que el adivinador las tenga que desentrañar.

El crucigrama, por ejemplo, define *madre* como "progenitora", de manera que la respuesta es fácil por obvia. En cambio, la adivinanza, describe *tu madre* como "la suegra de la mujer de tu hermano", lo que exige interpretación y requiere cierta astucia.

Quien toma el desafío de adivinar debe estar consciente de que el planteamiento no es para explicar, sino para despistar. Por ejemplo, como se ha dicho, se describe el objeto mediante una metáfora y es aquí donde se encuentran verdaderos poemas, ya de belleza, ya de gracia o humor. Véase si no cuando para aludir al águila se dice que *majestuosa surca el viento* o al describir la máscara se habla de la *prestada cara*. ¿No es una lindura la descripción de la mesa:

Pino sobre pino,
sobre pino, lino,
sobre lino, flores,
y alrededor amores,

en que no se hace referencia a la mesa de cedro o caoba de un gran salón, sino a la humilde mesa de pino de un hogar, que reúne a su alrededor a la familia?

Graciosa metáfora es la de la gallina:

Una señorita
muy aseñorada
con muchos remiendos
y ni una puntada.

Otro recurso para despistar es echar mano a la anfibología de las palabras, como cuando se hace decir a la luna *sin ser casa tengo cuartos* o al acordeón definirlo como algo que, prohibido en la escuela, si se toca suena lindo.

El adivinador debe tener atento el oído al escuchar la adivinanza, porque en ella un hábil juego de palabras puede contener la respuesta:

Vi sentada en un balcón...

(Vicenta)

o bien:

...del tronco a la rama
su nombre veréis.

(el koala)

Algunas adivinanzas hacen uso de la paradoja:

...sin morirme nazco nueva

(la luna)

o esta otra:

Yo tengo calor y frío,
y no frío sin calor.

(el sartén)

Otras describen la forma del objeto:

Una caja de soldados
con sus cascos colorados.

(los cerillos)

En algunas adivinanzas el creador intencionalmente dejó trunca la última estrofa para que el adivinador la complete con la respuesta, misma que debe compaginar en cuanto a ritmo y rima. Teniendo un poco de sensibilidad, estos elementos vienen a ayudar a encontrar la solución.

Refleja con placidez
en sus aguas a la luna.
El nombre de ella,
¿cuál es?
Lo sabes: es...

(la laguna)

o esta otra:

Con su risa mañanera
toda la playa alborota,
pescadora y marinera.
es...

(la gaviota)

La adivinanza exige del lector o escucha mucha o poca dosis de ingenio, según lo difícil que sea el enigma planteado, y en esto radica su atractivo. Es un reto que lubrica los finos engranajes del cerebro del adivinador, que lo ejercita en el ingenioso uso de lo que ha dado en llamarse *pensamiento lateral*, que básicamente consiste en salirse de los cánones ordinarios de la lógica para resolver un problema.

Una buena adivinanza debe ser: ingeniosa, sintética, de solución única y qué mejor si es bella.

**Duermen de día,
y riegan en la noche
su pedrería.**

(las estrellas)

La típica adivinanza es popular y anónima aun cuando existen adivinanzas *cultas*, de autor.[1] Encumbrados escritores se han visto seducidos por la magia de las adivinanzas: esta juguetona manifestación se encuentra en obras de la literatura universal, tales como *Las mil y una noches*, libro anónimo,[2] *Edipo Rey*,[3] del escritor griego Sófocles, o *Hamlet*, de William Shakespeare,[4] por mencionar algunas.

El universo de la adivinanza como género popular es inagotable. Transcurre la vida y surgen nuevas muestras. Constituye una veta en renovación constante, situación que nos estimuló para realizar este trabajo.

Queremos apuntar que en esta nueva colección no se repite una sola de las adivinanzas que integran el *Adivinancero* anterior.

A través de este género sencillo y jocoso, los niños pueden internarse de manera placentera en el mundo de la poesía, hacerse más sensibles a la musicalidad de las palabras y empezar a comprender la metáfora.

---

[1] Ver adivinanzas 363 y 364 de Francisco de Quevedo y Sor Juana Inés de la Cruz, respectivamente.
[2] Ver *Adivinancero* de esta casa editorial.
[3] Ver adivinanza 100, el famoso enigma puesto por la Esfinge a Edipo. Siglo V antes de Jesucristo.
[4] Ver adivinanza 362.

1

Es la reina de los mares,
para tragar es muy buena
y por no ir nunca vacía,
siempre dicen que va llena.

2

Una caja do soldados
con sus cascos colorados.

3

Salimos cuando anochece,
nos vamos cantando el gallo
y hay quien dice que nos ve
cuando le pisan un callo.

4

Sin ser casa tengo cuartos,
sin morirme nazco nueva
y, a pesar de que no como,
algunas veces voy llena.

5

El todo es muy poca cosa,
pero, leído al revés,
es el hombre más antiguo,
adivina pues quién es.

6

Adivina adivinador:
quién puso un huevo
en el mostrador.

7

Una nube de metal
que cuando lo quiero llueve
a temperatura ideal.

8

Blanca soy,
nací en el mar
y en tu bautizo
tuve que estar.

9

Vi sentada en un balcón
una hermosísima dama;
acude al primer renglón
y verás como se llama.

10

No es caballo de carreras
ni caballo de ajedrez,
y, aunque caballo parece,
no es caballo, sino pez.

11

Una señorita
muy aseñorada
con muchos remiendos
y ni una puntada.

12

Aunque no soy pajarillo
canto sin ninguna pena,
y cuando en plural me usan
represento la condena.

13

Al revés yo doy placer,
al derecho soy ciudad;
al derecho y al revés
me quiere la cristiandad.

14

Si de algo tiene mi hermano
trescientos sesenta y cinco,
yo tengo, no lo dudéis,
trescientos sesenta y seis.

15

Once guerrilleros juntos
y otros tantos enfrentados,
tratando de ganar puntos
metiendo un astro entre palos.

16

Me rascan continuamente
de forma muy placentera;
mi voz es muy bien timbrada
y mi cuerpo de madera.

17

Aunque es madre,
no ha parido;
aunque es selva,
no da abrigo;
al nacer no sabe
andar,
y ya se pone a
trepar.

18

Érase un fiel escudero
famoso en el mundo entero.
Su nombre rima con *lanza*,
adivina, adivinanza.

19

En el cielo soy de agua,
en la tierra soy de polvo,
en las iglesias, de humo
y mancha blanca en los ojos.

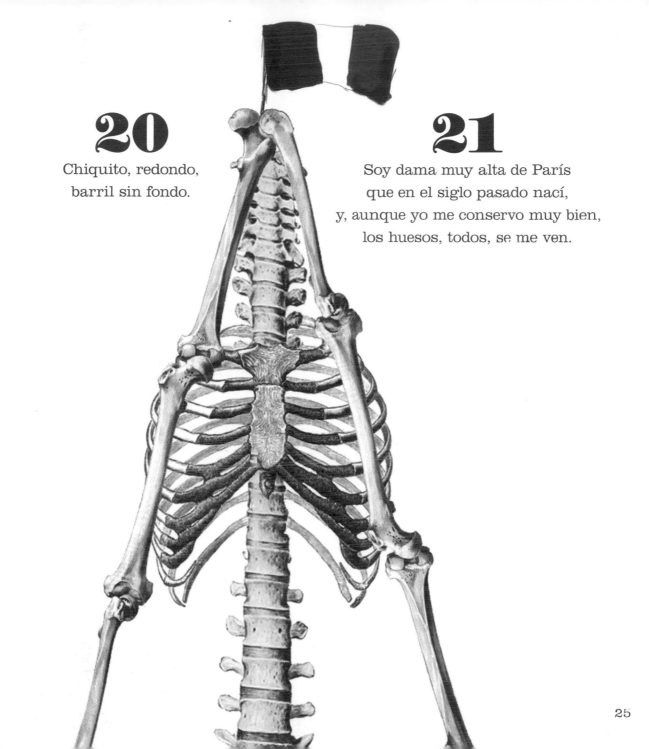

20

Chiquito, redondo,
barril sin fondo.

21

Soy dama muy alta de París
que en el siglo pasado nací,
y, aunque yo me conservo muy bien,
los huesos, todos, se me ven.

22

Yo tengo cinco hijitos
y un hermano gemelo
de piel y lana por dentro.

23

La carreta lleva cal,
el caballo tiene sed
y la campana tin tin.

24

En él va la familia
y el equipaje,
y se pasa las noches
en el garaje.

25

Por subir a los espacios
se hizo famosa esta perra:
fue la primera astronauta
que dio vueltas a la tierra.

26

El hermano de mi tío,
aunque no es tío mío,
¿sabrás decirme qué es mío?

27

Redondito como un queso,
con cien metros de pescuezo.

28

¿Quién del alto árbol
en las ramas mora
y ahí esconde, avara,
todo lo que roba?

30

Yo tengo calor y frío,
y no frío sin calor;
a veces, ve mi señor,
peces en mí sin ser río.

29

Para no precipitar
decisión tan señalada,
se acostumbra cavilar
por la noche con…

31

Mi picadura es dañina,
mi cuerpo insignificante,
pero el néctar que yo doy
lo saboreas al instante.

32

Soy transparente y pequeña,
y, aunque de poco valor,
no hubiera mares ni ríos
sin mí y otras como yo.

34

Dos fuentes muy cristalinas
están en medio de un llano;
y cuando esas fuentes manan,
no está muy contento el amo.

33

Es tul y no es tela,
es pan, mas no de mesa.

35

Fabrico buen sabor
y dorado dulzor;
de celda en celda voy,
aunque presa no estoy.

36

En rincones polvorientos
mis redes voy construyendo,
para que muchos insectos
en ellas vayan cayendo.

37

Pica, picando,
colita arrastrando.

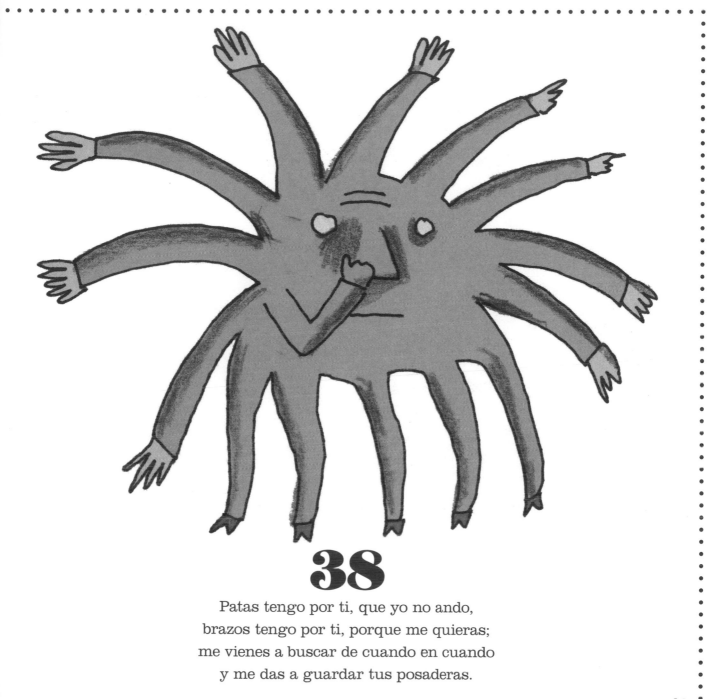

38

Patas tengo por ti, que yo no ando,
brazos tengo por ti, porque me quieras;
me vienes a buscar de cuando en cuando
y me das a guardar tus posaderas.

40

Están contentos y gritan ¡dale!,
ojos vendados, me atizan palos,
me balancean, me dan de cates,
me rompen toda, mas no son malos:
yo les doy frutas y cacahuates.

39

Es pequeño, pequeñín,
mas con tal poder y arte
que si no se pega a mí,
no llego a ninguna parte.

41

Cuando soy pequeña,
yo tengo tres patas;
cuando soy mayor,
tengo sólo dos.

42

El soldado en la garita
y el pescador en la mar,
y en ese mar y garita
una flor encontrarás.

43

Muchas lamparitas
muy bien colgaditas,
siempre encandiladas,
nadie las atiza.

44

La noche tiene un ojo,
un ojo de plata fina,
y tú, pues serás muy flojo
si ésta no la adivinas.

45

Adivina compañero
quién es el gran señorón
que tiene verde sombrero
y pantalón marrón.

46

Es mi padre luminoso
y subo derecho al cielo;
y a veces, los pieles rojas
me empleaban como correo.

47

Entre tabla y tabla
hay un hombre que no habla.

48

Casa con dos cuartos,
nueva cada mes,
llena está sin gente,
dime tú ¿quién es?

49

Teje con maña,
caza con saña.

50

Soy de los que tengo garra
y una muy larga melena,
y aseguro que la carne
de explorador es muy buena.

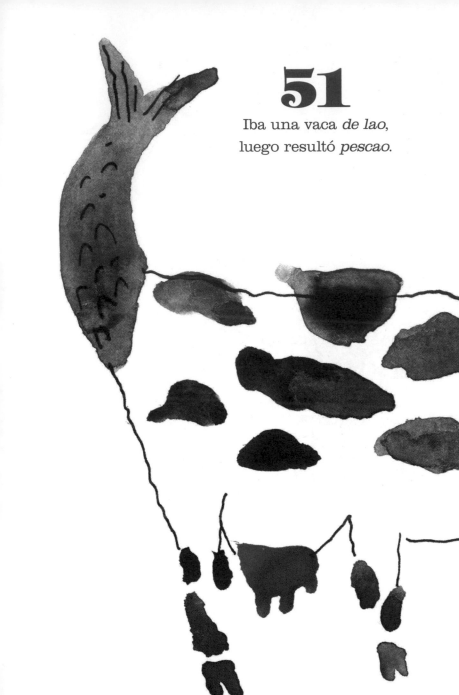

51

Iba una vaca *de lao*,
luego resultó *pescao*.

52

Palo liso, palo liso,
cada vez que yo te veo,
bastante me aterrorizo.

53

Trepando despacio
sube a su bebé;
oso de peluche
parece y no es;
del tronco a la rama
su nombre veréis.

54

Siempre salgo en blanco y negro;
soy pequeño como tú.
Un antifaz llevo puesto,
pues soy ladrón de bambú.

55

De bronce el tronco,
las hojas de esmeralda,
el fruto de oro
y las flores de plata.

56

Ora verde, ora marrón,
soy cama, mas no te acuestes
porque también soy león.

57

Soy un baile de Aragón
que en todas partes me meto,
y para muestra un botón,
dentro estoy del alfabeto.

58

Resuélveme este dilema:
"Soy una, pero soy media".

59

Del trabajo soy amiga
y por él adquirí fama;
mi nombre, sin que lo diga,
es la palabra que falta
en *La cigarra y...*

60

Cal, pero sin blanquear;
son, pero no de bailar.

61

Tengo cabeza de hierro
y mi cuerpo es de madera;
y al que le caiga en un dedo,
menudo grito que pega.

62

Este banco está ocupado
por un padre y por un hijo;
el padre se llama Juan,
el hijo ya te lo he dicho.

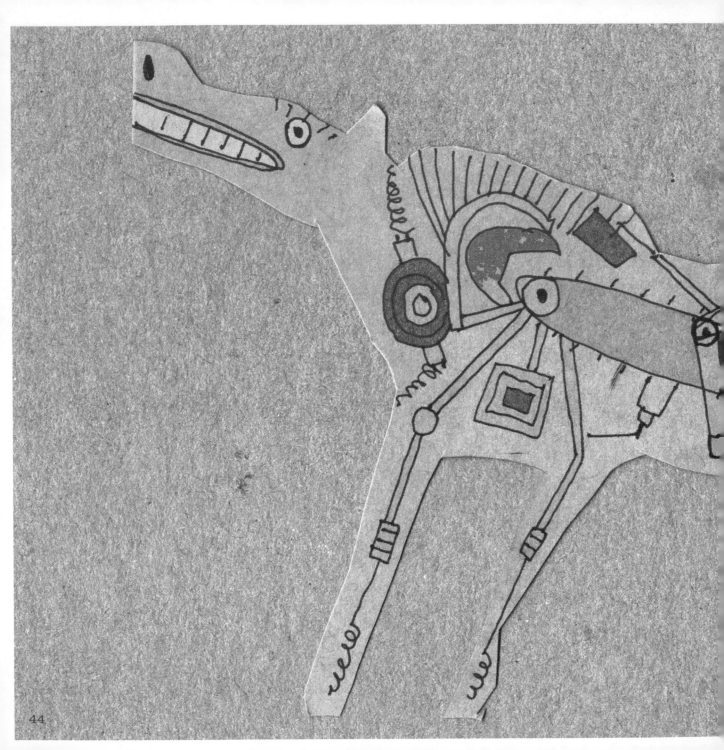

63

Desde tiempos ancestrales
hemos transportado al hombre;
ahora nos lleva escondidos
en el motor de su coche.

64

Ve al campo por la noche
si me quieres conocer,
soy señor de grandes ojos
cara seria y gran saber.

65

Ani lloró todo el día;
perdió lo que más quería.

66

Ya ves que conmigo
todo está seguro;
ya ves que sin mí,
pasas gran apuro.
Dime lo que soy
si es que no eres burro.

67

Empiezo cabeza
arriba,
termino cabeza
abajo
y tan sólo en
preguntar
se limita mi trabajo.

68

Lamparitas de luz verde,
cuando es de noche se encienden.

69

¿Cuál de las flores
las cinco vocales
lleva en su nombre?

70

Soy redondita y sin pies,
puedo correr y saltar,
y apenas puedo quedarme
quietecita en un lugar.

71

Soy una niña chiquita
con ojitos de cristal;
andaré si me dan cuerda
y a veces puedo llorar.

72

¿Cuál es ese hijo cruel
que a su madre despedaza
y ella, con su misma traza,
se lo va tragando a él?

De día llenos de carne,
de noche la boca al aire.

73

Damas comen de mi carne,
damas comen de mi ser;
si no adivinas mi nombre,
poco ingenio has de tener.

75

En rincones y entre ramas
mis redes voy construyendo,
para que moscas incautas
en ellas vayan cayendo.

76

Por un camino estrechito
va caminando un bichito;
va camino a su corral,
va cansado el animal
y el nombre de este bicho
varias veces ya lo he dicho.

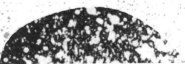

77

Si sube, nos vamos;
si baja, nos quedamos.

78

Peluda sobre pelado
hizo juramento puro
de no alzarse de pelado
hasta no verlo peludo.

79

Mi reinado está en el mar,
soy de forma regordeta;
un día, siglos atrás,
me tragué entero un profeta,
aunque luego lo expulsé
al pensar que estaba a dieta.

80

Suelo tener sed, y el cielo
me deja tan bien mojado,
que del agua que me ha dado
y el polvo que tengo, suelo
dejarte todo manchado.

81

¿Cuál es la sábana blanca
que se corta sin tijera,
pero que verla cortada
casi nadie lo quisiera?

82

Yo subo por las paredes
y construyo finas redes.

83

Nombre de cierta mujer
son mis letras las postreras,
y de mesón las primeras;
no me podría esconder,
porque estoy en las fronteras.

84

Siempre me dicen algo,
aunque muy humilde soy,
no soy señor y me nombran
con la nobleza del don.

85

Respondo al que me consulta
sin lisonja ni ficción;
y si mala cara pone,
la misma le pongo yo.

86

Hay una especie de maga,
que en pardo y vago color
varios retratos remeda
que cambian de dimensión.

A la luz sólo aparece
como impalpable visión,
mas por mutua antipatía
nunca ve la luz ni el sol.

Anda a par del veloz gamo,
muere así que oscureció,
pero renace al influjo
de la luz o del farol.

87

Sobre la vaca, la "o",
a que no lo aciertas, no.

88

Con sus tripas arrugadas,
soplidos da de dragón,
y oirás cómo gime y canta
si le aprietas un botón.

89

Blanca soy,
blanca nací,
pobres y ricos
comen de mí.

90

Soy amiga de la luna,
soy enemiga del sol;
si viene la luz del día,
alzo mi luz y me voy.

91

Caja llena de soldados,
todos largos y delgados,
con gorritos colorados.

92

Como el mundo, soy redonda
y al final del mundo voy,
no me busques en la tierra,
pues en ella nunca estoy.

93

Tiene bigotes,
no tiene barba,
come ratones
si los atrapa.

94

Con nombre de perro empieza
este curioso animal,
que aunque nunca compra nada
siempre con su bolsa va.

95

En verdes ramas nací,
en molino me estrujaron,
en un pozo me metí,
y del pozo me llevaron
a la cocina a freír.

96

Mi madre es tartamuda
y mi padre buen cantor,
tengo blanco mi vestido
y amarillo el corazón.

97

El pie cubro al instante
igual que si fuera un guante.

98

Zumba que te zumbarás,
van y vienen sin descanso,
trajinando entre las flores
y nuestra vida endulzando.

99

No vuela y tiene un ala,
no es camión y tiene *cran*.

100

¿Qué animal es el que anda
de mañana en cuatro pies,
a medio día en dos
y por la tarde con tres? [5]

[5] La famosa adivinanza planteada por la Esfinge
a Edipo. Siglo V antes de Jesucristo.

101

Tiene las orejas largas,
tiene la cola pequeña,
en los corrales se cría
y en el monte tiene cuevas.

102

Tiene cuatro patas,
mas no puede andar;
tiene un tambor,
no sabe tocar;
tiene cabecera
y no sabe hablar.

103

Te lo digo, te lo cuento
y te lo vuelvo a contar,
y por más que te lo cuente
no lo has de adivinar.

104

Doy al cielo resplandores
cuando deja de llover:
abanico de colores
que nunca podrás coger.

105

Bramido a bramido,
antes de las tormentas
todos lo hemos oído.

106

Unos dicen que soy lento;
otros, más fugaz que el viento;
unos, que borro las penas
o las doy a manos llenas.

107

Me escriben con cuatro letras,
significo claridad;
si me quitan una letra,
una queda y nada más.

108

Sin el agua yo no vivo;
sin la tierra, yo me muero.
Tengo yemas, no soy huevo;
tengo copa y no sombrero.

109

Ésta adivínala:
¿Cuál es la única
bebida mágica
de cuento y fábula?

110

Se entra por una
y se sale por tres.

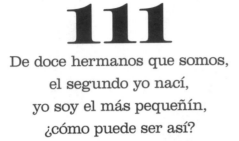

111

De doce hermanos que somos,
el segundo yo nací,
yo soy el más pequeñín,
¿cómo puede ser así?

112

Una señorita
va por el mercado,
con su cola verde
y traje morado.

113

Tiene dientes y no come,
tiene cabeza y no es hombre.

114

Por las barandas del cielo
se pasea una doncella
vestida de azul y blanco,
y reluce como estrella.

115

No son ninguna rareza:
los hay gordos, los hay flacos,
los hay cortos, los hay largos
y, para que sirvan de algo,
les pegan en la cabeza.

116

Mañana o tarde me estiro,
a medio día me encojo,
en el fuego no me quemo,
entro al agua y no me mojo.

117

Treinta y dos sillitas blancas
en húmedo comedor,
y una vieja parlanchina
que las pisa sin temor.

118

Soy redonda, soy de goma,
de madera o de metal,
y acostumbro ir a pares
con otra amiga igual.

119

Dicen que soy combustible
y soy bastante apreciada,
y ante una simple cerilla
explosiono acalorada.

120

Adentro no hay quien me alcance;
si salgo, sufro un percance.

122

Razona, piensa, adivina:
Pérez anda, Gil camina,
es un tonto quien no atina.

121

Bajo tierra fui nacida,
mis amigos son los ajos,
y aquél que llora por mí
me está partiendo en pedazos.

123

Son dos niñas asomadas,
cada una a su ventana;
todo lo ven y lo cuentan
sin decir una palabra.

124

Con su cola inmensa,
vestido de gris,
busca en tu despensa
en cualquier país.

125

¿Cuál es el animal
al que le ponen silla
y no se puede sentar?

126

A ti acudo,
en ti maduro,
estudio y aprendo
para el futuro.

127

Tienen dedos empalmados,
la ropa de mil colores;
por los aires van formados,
van veloces y ordenados;
los buscan los cazadores.

128

Aunque soy superficial,
pertenezco a lo profundo.
Soy la prueba terrenal
de que estuviste en el mundo.

129

De noche llegaron
sin ser invitadas,
de día se perdieron.
No están extraviadas.

130

Con dos patas encorvadas
y dos amplios ventanales,
quitan sol o dan visión,
según sean sus cristales.

131

En la calle me toman,
en la calle me dejan;
en todas partes entro
y de todas me echan.

132

Cargadas van,
cargadas vienen
y en el camino
no se detienen.

133

Tengo mi cuello muy largo
y mi cuerpo es tobogán,
patas largas adelante
y más cortas las de atrás.

134

Yo vi sentenciar a un hombre
para morir, una vez.
Primero dije su nombre
y su apellido después.

135

Todo el mundo lo lleva,
todo el mundo lo tiene,
porque a todos les dan uno
en cuanto al mundo vienen.

137

Un árbol con doce ramas,
cada una con cuatro nidos,
cada nido siete pájaros
y cada cual su apellido.

136

Adivina chavo,
dime quién soy:
cuanto más lavo
más sucia voy.

138

Unas son redondas,
otras ovaladas,
unas piensan mucho,
otras casi nada.

139

Te dice lo que está bien,
te dice lo que está mal
y no es ninguna persona.
¿De quién se puede tratar?

141

Soy el que jamás descansa,
voy y vengo sin cesar.
Nunca me puedo secar.
Jamás te aburre mi danza.
En presencia o añoranza
tú siempre me has de amar.

140

De un cordel me has de jalar,
en el cielo brinco y vuelo.
Me encanta subir, flotar,
jugar y lucir mi pelo.

142

Negra por dentro,
negra por fuera,
es mi corazón
negra madera.

143

Millares de hermanos
rubios como yo
le damos vida
al que nos tiró.

144

Redondo y claro
como un pandero,
quien me toma en verano
debe usar sombrero.

145

Me desnudo cuando hace frío
y me visto en el estío.

146

De tus tíos es hermana,
es hija de tus abuelos
y quien más a ti te ama.

147

A esta fruta se le culpa
de ser cosa del demonio,
pues comieron de su pulpa
los del primer matrimonio.

148

Verde de chico yo fui,
pero ya cuando crecí,
sin que me diera vergüenza,
colorado me volví.

149

Campanita, campanera,
blanca por dentro y
verde por fuera,
que si pronto no adivinas,
piensa y espera.

150

Para ser más elegante
no usa guante ni chaqué,
sólo pone al instante
en vez de "efe", la "ge".

151

Una dama muy hermosa
con un vestido de oro,
siempre volviendo la cara
ya de un lado, ya del otro.

152

¿Cuál es el animal
que es doblemente animal?

153

Con su caballo y su escudero
sale de la Mancha este caballero.
Quiere justicia, busca aventuras
y encuentra palos y desventuras.

154

Es un líquido aceitoso
al que llaman *oro negro*,
y aunque encontrarlo es costoso,
se busca en el mundo entero.

155

Pálida es mi cara,
pero muy hermosa;
a veces de tarde
se me ve borrosa,
en cambio de noche
brillo cual ninguna,
sobre el mar, el lago,
sobre la laguna.

156

Por fuera soy espinoso,
tengo adentro una pepita;
para ponerme sabroso
me cuecen en una ollita.

157

No son flores,
pero tienen plantas
y también olores.

158

Es esbelto, muy alto,
de estrecha copa,
y en el cementerio
es donde mora.

159

Yo nazco todos los días,
por eso me llaman diario;
llevo en mi cuerpo noticias,
sucesos y comentarios.

160

Si quieres las tomas
y si no las dejas,
del rico alimento
no recibo quejas,
son leguminosas
las buenas…

161

Soy el amo y mando aquí,
tengo una gorra rubí,
y a todos despierto así:
kíkiri ki.

162

Por una escalera larga,
peldaños blancos y negros
sube y baja a sus diez hijos
con sonoros martilleos.

163

Soy bueno y malo a la vez,
me buscan y huyen de mí,
y a lo que me da la vida
acostumbro destruir.

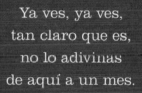

Ya ves, ya ves,
tan claro que es,
no lo adivinas
de aquí a un mes.

165

No es alberca ni es aljibe,
no es tanque, pero sí es tanque,
no lo dije y ya lo dije,
adivíname qué es.

166

De la cola es movedor,
del hombre el mejor amigo,
a veces es cazador
y otras un buen lazarillo.

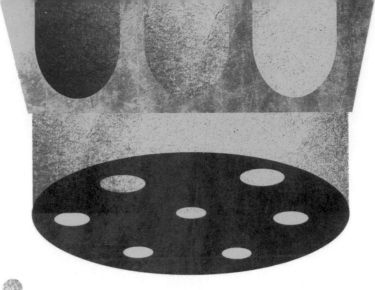

167

Son de color chocolate,
se ablandan con el calor
y si las meten al horno
explotan con gran clamor.

168

La comida sosa
hallarás sin mí;
te añado una cosa:
soy imperativo
del verbo salir.

169

Es mi cuerpo de madera
y mi corazón de piedra.

170

De la tierra voy al cielo
y del cielo he de volver,
soy el alma de los campos
y los hago florecer.

171

Tengo duro cascarón,
pulpa blanca y dulce líquido
en mi corazón.

172

En medio del cielo poso
y también en el infierno,
no soy el diablo engañoso
ni tampoco Dios eterno.

173

Bonita planta
con una flor
que gira y gira
buscando el sol.

174

Confites duros y blancos
que rebotan en el suelo,
si no los recoges pronto
tendrás agua entre los dedos.

175

Somos lentes chicas,
jóvenes y viejas,
si quieres nos tomas
y si no, nos dejas.

176

Si soy joven, joven quedo,
si soy viejo, quedo viejo;
tengo boca y no te hablo,
tengo ojos y no te veo.

177

Dos buenas piernas tenemos
y no podemos andar,
pero el hombre, sin nosotros
no se puede presentar.

178

Vive en el desierto,
mata a las personas
y bajo las piedras
muy bien se acomoda.

179

En el aire yo me muero,
en el agua vivo bien;
si yo me trago el anzuelo
voy a dar a la sartén.

180

Somos de varios colores,
fríos, muy fríos estamos;
con nuestros ricos sabores
a los niños animamos.

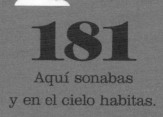

181

Aquí sonabas
y en el cielo habitas.

182

Del nogal frondoso vengo,
del hombre, al cuello me cuelgo.

183

Soy blanco, rosado o tinto,
de color todo lo pinto,
estoy en la buena mesa
y me subo a la cabeza.

184

Viste de chaleco blanco
y también de negro frac;
tiene alas y no vuela,
adivina quién será.

185

Negra y minúscula bola
que la boca te atormenta
aunque muerdas una sola.
Se trata de…

186

Dicen que la tía Cuca
se arrastra con mala racha.
¿Quién será esa muchacha?

187

No es león y tiene garra,
no es pato y tiene pata.

188

Está en la navaja
y está en el cuaderno,
se cae del árbol
antes del invierno.

189

Los dátiles son mi fruto
y palmas doy a lo bruto.

190

Cerca del polo, desnuda,
sentada sobre una roca,
suave, negra, bigotuda,
lo sabes, yo soy…

191

Todos dicen que me quieren
para hacer buenas jugadas,
pero cuando ya me tienen
me tratan siempre a patadas.

192

Por más que me cubren,
al final me descubren.

193

Mis caras redondas
¡qué estiradas son!,
y así canto yo.

194

Una niña tontiloca
con las tripas en la boca.

195

¿Quién es el ser infeliz
que hasta la Gloria llegó,
y por querer subir más,
para siempre se perdió?

198

Aunque iba para león
mi color se volvió pardo,
si no adivinas quién soy
es que eres un poco tardo.

197

El roer es mi trabajo,
el queso mi aperitivo
y el gato ha sido siempre
mi más temido enemigo.

196

"Pues llora como mujer…",
le dijo su madre airada,
cuando él tan triste partía
al abandonar Granada.[6]

[6] Se trata de un rey moro.

199

Es estéril, vasto y seco,
lo contrario de un vergel;
pero, te diré un secreto:
muchos predican en él.

200

Alas de muchos colores
se pierden entre las flores.

201

Que se alegra da a entender
el que pronuncia mi nombre;
le suelen dar de comer
mis mudos hijos al hombre.

202

Veintiocho caballeros;
espaldas negras y lisas,
delante todo agujeros,
por dominar se dan prisa.

203

Tiene boca y no come,
y en sus entrañas
busca el hombre riquezas,
con mucha maña.

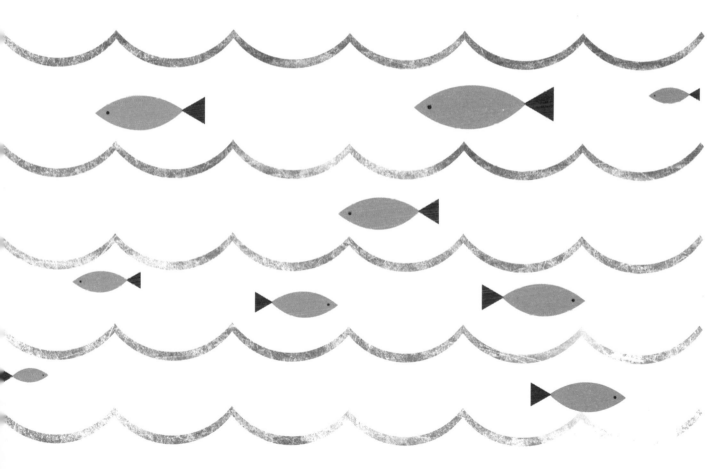

204

Tiene luna,
no es planeta;
tiene marco
y no es puerta.

205

No me utilizan los patos,
los cuales son mi apellido,
con "zeta" empieza mi nombre;
el resto ya es pan comido.

206

Lisa y larga, larga y lisa,
llevo puesta una camisa,
toda bordada, bordada,
sin costura ni puntada.

207

No pienses que es una col,
o que baila el cha-cha-chá;
búscala sobre tu cama:
su nombre lo he dicho ya.

208

Pino sobre pino,
sobre pino, lino,
sobre lino, flores
y alrededor amores.

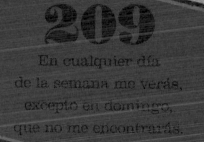

209

En cualquier día
de la semana me verás,
excepto en domingo,
que no me encontrarás.

210

En verano, barbudo
y en invierno, desnudo.

211

Es una pera colgada
que alumbra todas las casas
sin tener humo ni llama.

212

Con tan sólo cuatro cuerdas,
que un arco pone en acción,
esa caja melodiosa
te alegrará el corazón.

213

Viene del cielo, del cielo viene,
a unos disgusta y a otros mantiene.

214

No soy estación del metro,
ni de autobús, ni de tren,
pero soy una estación
donde mil flores se ven.

215

Con su risa mañanera
toda la playa alborota,
pescadora y marinera.
Es…

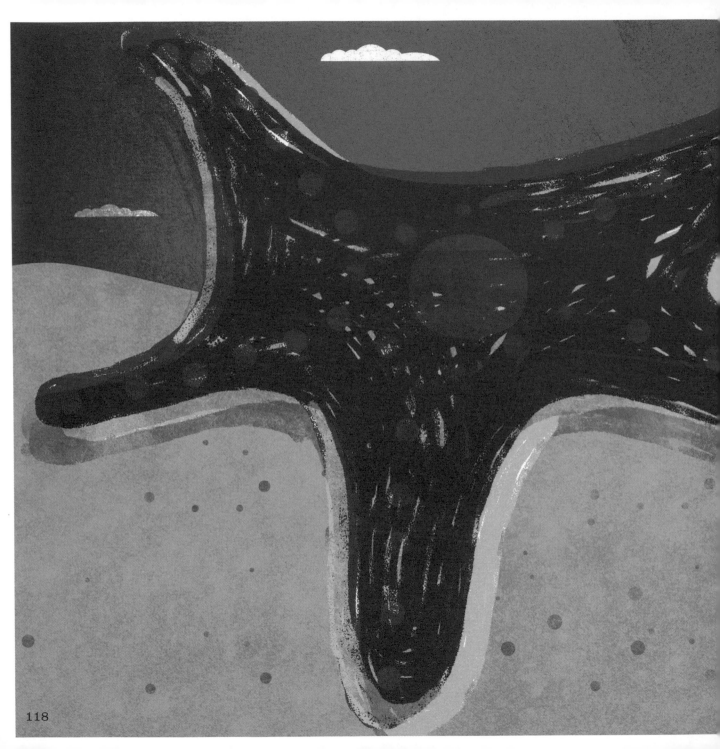

216

Cinco brazos, no te miento,
habita siempre en el mar,
aunque la puedes hallar
de noche en el firmamento.

217

Entra el estudioso,
nunca el holgazán,
y busca algún libro
que ahí encontrará.

218

De día yo me levanto,
de noche a la cama voy,
tiño de rojo el ocaso,
adivíname quién soy.

219

Su padre relincha con aguda voz,
su madre rebuzna y suelta una coz.

220

¿Cómo se llama el bicho
cuyo nombre ya he dicho?

Me pisas y no me quejo,
me cepillas si me mancho
y con mi hermano gemelo
bajo tu cama descanso.

Tengo nombre de mujer,
crezco en el fondo del mar
y en la arena de la playa
tú me puedes encontrar.

223

Aunque tiene dientes
y la casa guarda,
ni muerde ni ladra.

224

De tierra húmeda vengo,
estirando y encogiendo.
¡Amarren a las gallinas,
que a los perros no les temo!

225

Prima hermana del conejo,
aunque de lomo más alto,
domina bien la carrera
y es muy buena para el salto.

En un cuarto me arrinconan
sin acordarse de mí,
mas pronto van a buscarme
cuando tienen que subir.

227

Soy un gordo erudito,
todas las palabras sé,
y, aunque todas las explico
nunca las pronunciaré.

228

Viajeras somos
de negros vestidos,
bajo las tejas
hacemos nidos.

229

Tengo nombre de animal;
cuando la rueda se poncha,
me tienes que utilizar.

230

Pelirrojito y pequeño,
cabezón y muy delgado,
y se pone siempre negro
después de haberlo frotado.

231

¿Quién soy, adivinador?:
nombre de santo y de flor,
y a pesar de este retrato,
me confunden con zapato.

232

¿Cuál será el animal
que siempre llega al final?

233

Soy más de uno
sin llegar a tres,
y a cuatro llegaré
cuando dos me des.

234

Puede ser de Persia,
puede ser de Ana,
por más que la enrollo,
se ve en mi ventana.

235

Doy buen calor a los cuellos,
tanto de ellas como de ellos.

236

Adivina, adivinanza,
a quién se tiene en la panza
y se muestra en ciertas danzas.

237

Calienta tu comida
y es tu favorita;
en la segunda línea
la encuentras escrita.

238

Es muy agrio su sabor,
un poco dura su piel
y si lo quieres tomar,
tienes que apretarlo bien.

239

Si ya te lo he dicho,
si ya me oíste,
si ya lo sabes,
pues me lo dices.

240

Redondo yo soy
y es cosa probada,
valgo a la derecha,
a la izquierda, nada.

241

Tienen justo cinco dedos,
igualito que las manos;
se rellenan en invierno,
se vacían en verano.

242

Verde fue mi nacimiento,
amarillo mi vivir,
en una sábana blanca
me envuelven para morir.

243

Cuando lo ves, es invierno;
si te lo quitan, pereces;
y cada día lo tienes
más de mil veces.

244

Nieto de tu bisabuelo,
de tus primos es el tío
y de tus tíos, hermano.

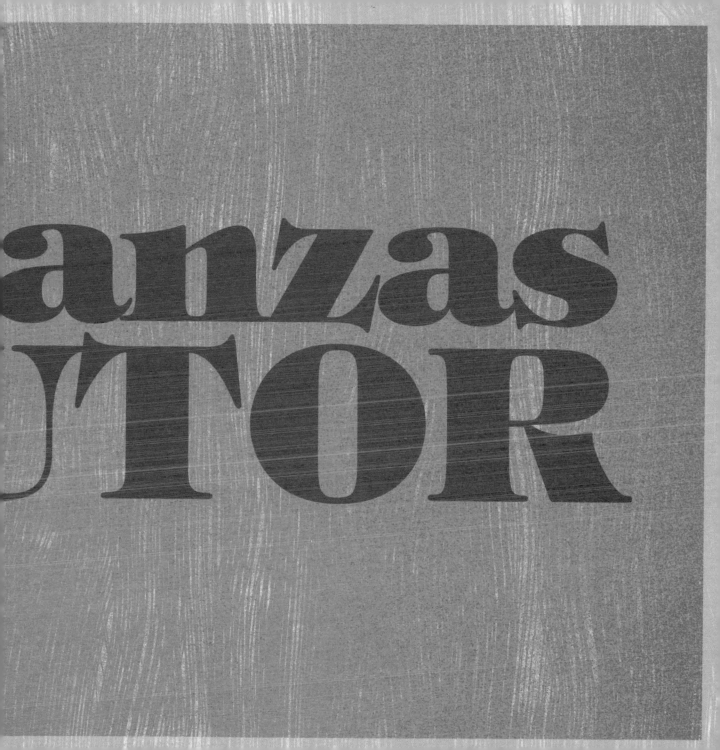

245

Pelota brillante,
rojiza, plateada,
amarilla, blanca
o uñita cortada.
C.S.

246

La gente pone sus pies
en mis manos, y me dejo,
y me los vuelve a poner,
y no me quejo.

G.R.

248

Con tres hojas dobles
nazco en pasto verde,
y si tengo cuatro
dicen que doy suerte.

C.S.

247

Con miel es manjar su pulpa,
sus semillitas, botana,
y su cáscara, pintada,
una jícara galana.

G. R.

249

Rubio malabarista
que hace girar naranjas
en inmenso crucero.
¿Quién le dará dinero?

G. R.

250

Vivo en lugares de mar,
soy ave bella y exótica,
y siempre meto en el agua
mis piernas largas y rojas.

C.S.

251

Mi nombre se hace color,
mi aroma invita a beberme,
entre amigos sueles verme,
doy a la leche sabor.

G.R. y V.R.

252

Una enredadera verde
con corazones colgando,
y dentro de cada uno,
un corazoncito blanco.

G.R.

253

Puedo ser de seda, manta o algodón;
y soy apreciada por damas y niñas,
ya sea corta o larga, tableada o sencilla.

C.S.

254

Recto por fuera,
torcido por dentro.

G. R.

256

Verde soy por fuera y también por dentro,
tengo cicatrices de espinas en mi piel,
muchas semillitas dentro de mi cuerpo
y dizque te tapo, comida a granel.

C. S.

255

Soy muy grande y arrugado,
y mi color es el gris,
privilegiada memoria
tengo y una gran nariz.

V. R.

257

No se sabe si es mejor
hervido, frito o asado,
yo lo prefiero en un bollo
al que le preste sabor
y apoyo.

G. R.

258

Cuando en el río sumerjo
mi gran cuerpo de barril,
dejo afuera mis orejas,
mis ojos y mi nariz.

V. R.

259

Aunque se les eche encima
y dé gritos estridentes,
no despierta a los durmientes.

G. R.

260

Corre, torcido o derecho,
sin abandonar el lecho.

G. R.

261

¿Quién es la prestada cara
que es la cara más cara?

V. R.

262

Por la lengua suda,
con la lengua besa,
su cola peluda
mueve y te saluda,
pues te quiere mucho.
Le dicen el…

G.R.

263

Soy del mar y canto el mar
si me pones en tu oreja.

C.S.

264

Su hermosura poco dura,
se aja su traje de seda
y sólo el perfume queda.
Delicada y primorosa
es la...

G. R.

265

Agujita negra o verde
que si la tocas te muerde,
y a veces, sin compasión,
si alguno te hace sufrir,
se clava en tu corazón.

G. R

266

No sólo ando en el suelo,
pues troto, galopo y vuelo.
V. R.

267

Es signo de puntuación
que marca una breve pausa.
Si verbo, es imperativo,
y si el enfermo no vuelve,
se vuelve definitivo.
G. R.

268

Soy hermosa flor
con pétalos rojos,
y en el mero centro,
negro y grande ojo.

C. S.

269

Puede ser fin o principio,
a veces, encrucijada;
puede verse, pequeñito,
o estar, y no verse nada.

G. R.

270

Luzco mis grandes pestañas
y manchas en todo el cuerpo,
cuello largo, patas largas,
de retoños me alimento.

V. R.

271

Préstale tus ojos
y de la ignorancia
romperá cerrojos.
G.R.

272

En sembradíos habito
cuidando de las cosechas;
aunque hueca mi cabeza,
y estando en un sólo sitio,
los pájaros me respetan.
C.S.

273

En mis flores tengo hojas
y en mi nombre está la noche;
y son esas flores rojas
de hermosura derroche.
V.R.

274

Me llaman flor, no lo soy,
los niños me cortan siempre
para soplar mis semillas
que vuelan cual rehiletes,
y quien es rey de la selva
tiene en mi nombre su diente.

C.S.

275

Con cinco dedos,
no soy la mano:
me usa el friolento
y el cirujano.

G.R.

276

Sobre sus cuatro patas,
sin correr ni trotar,
al país de los sueños
te puede llevar.

G.R.

153

277

Soy animal mitológico
que tiene un cuerno en la frente;
no estoy en ningún zoológico.

V. R.

279

Lo leas hacia delante
o lo leas hacia atrás,
nombras al mismo animal,
peludo como el que más.

V. R.

278

Tiene lindos ojos,
pero si los cierra
no ve nadita.

G. R.

280

Soy pequeña y esbelta,
produzco lana fina,
soy prima de la llama,
mi cuna es andina.

C.S.

281

Vuelo silencioso
y veo en las sombras
abriendo mis grandes
pupilas redondas.

G.R.

282

Fresco y verde crecí,
colorado me volví,
me saborea la niña
en la jícama y la piña,
soy bravo y chiquitín,
me llamo…

C.S.

283

Menudo como un pulgar,
a veces te hago llorar,
y siendo así chiquitico,
sin ser campana, repico.

G.R.

285

Mi figura es de culebra,
bajo el agua me sustento;
si me quitas una letra,
majestuosa surco el viento.

V. R.

284

Verde y sabrosa,
si la desvistes
no queda cosa.

G. R.

286

Soy morena y bella,
visto terciopelo
bordado de estrellas,
y en mi negro velo
prendo blanco broche.
Mi nombre es…

G.R.

287

Yo soy redonda y bonita,
entre verde y amarilla;
soy parecida al limón,
tengo una sola chichita,
pero muy bien formadita
y en las piñatas estoy.

C.S.

288

Caballero de Manila,
rico, fino y cultivado,
es más sabroso pelado.

G. R.

289

Aunque no tengo sombrero,
soy un hongo blanco y fino,
y un abanico parezco.
Mi nombre tiene el sonido
último del alfabeto.

C. S.

290

Sin mí no puedes vivir,
pero te puedo matar:
no te arrojes en mi seno
si bien no sabes nadar.

G. R.

291

Mete las patas, cola y cabeza,
en una casa parchada y tiesa;
saca cabeza, cola y patas,
es lenta en tierra y ágil en agua.

V.R.

292

Gira en el espacio
como un trompo azul,
la mitad oscura,
la mitad con luz.

G.R.

293

No digas B,
no digas C,
sólo di A,
ya lo dijiste
¿qué será?

G.R.

294

En un árbol yo me crío
y soy frijol grande y rojo;
si me frotas en el piso,
te puedo quemar un poco.

C.S.

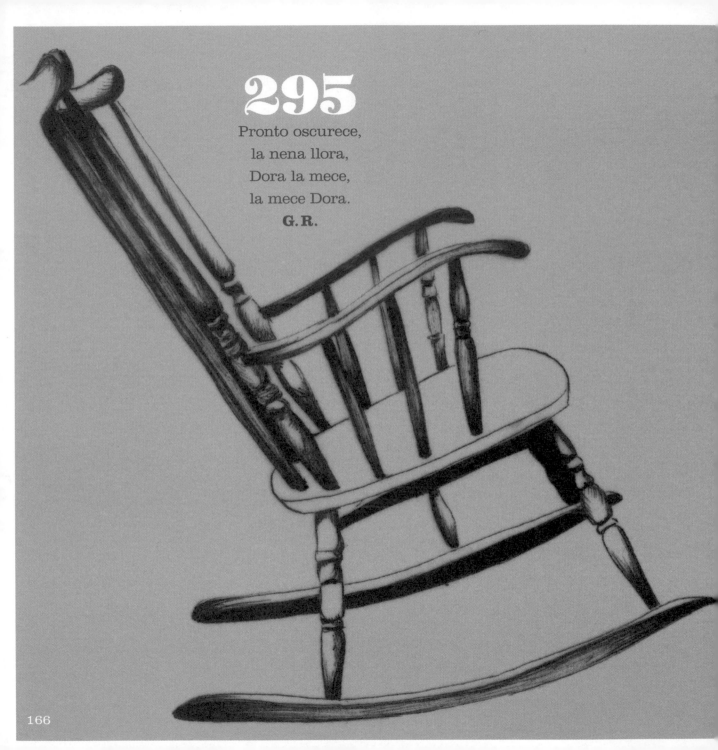

295

Pronto oscurece,
la nena llora,
Dora la mece,
la mece Dora.

G. R.

296

Si no te das prisa,
se escurre de lado,
cómetelo pronto,
cómete tu…

G. R.

297

Yo nací en un establo,
mi mamá me da la leche
y le sobra para Pablo,
para Juan y para Meche.

V.R.

298

Soy flor silvestre
blanca o lila
que me la paso
mira que mira
al sol brillante
que me da vida.

C.S.

299

En la escuela está prohibido,
si lo estiras y lo encoges,
produce lindo sonido.

G.R.

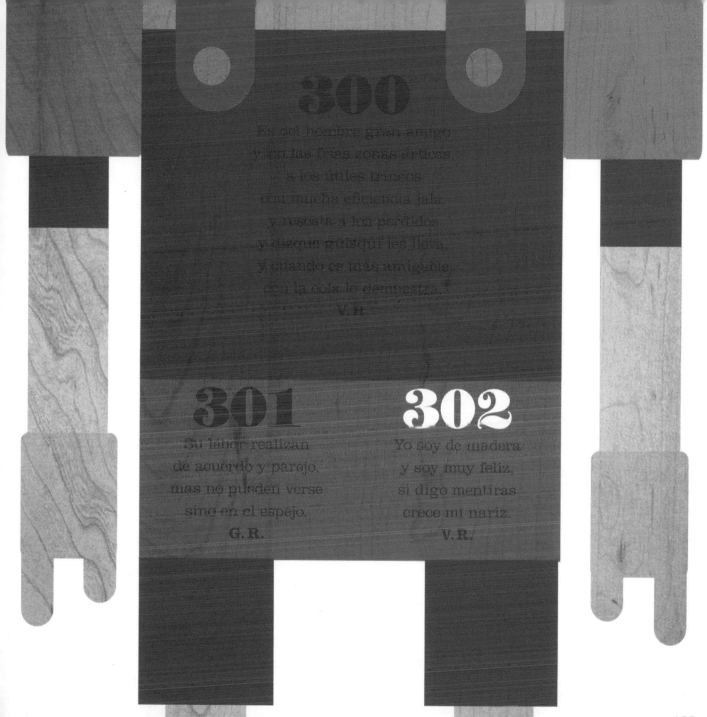

300

Es del hombre gran amigo
y en las frías zonas árticas,
a los útiles troncos
con mucha eficiencia jala,
y rescata a los perdidos,
y diizque güisqui les lleva,
y cuando es más amigable,
con la cola lo demuestra.

V. H.

301

Su labor realizan
de acuerdo y parejo,
mas no pueden verse
sino en el espejo.

G. R.

302

Yo soy de madera
y soy muy feliz,
si digo mentiras
crece mi nariz.

V. R.

169

303

Monstruo que sale
sin avisar,
que te despierta
y te hace gritar.

G.R.

305

Si bien lo atas,
te pertenece;
si lo desatas,
desaparece.

G. R.

304

Por los aires vuelo alto,
soy carpintero de oficio
y en el tronco de un gran árbol
hago presto un orificio.

V. R.

306

Vive muy alto en el cielo
y todo el año la ves;
ella suele ser muy blanca
aunque a veces negra es,
forma figuras insólitas:
desde un dragón hasta un pez.

C.S.

307

Sin pedir permiso
se vuelve tu dueño,
se instala en tu cama
y te quita el sueño.

G.R.

308

Para que trabajes
te doy estas cubas,
para que las bajes,
para que las subas.

G.R.

309

Soy animalito tierno,
vivo en regiones con hielo,
nadando soy excelente
y pescando me doy vuelo.
Mi nombre es femenino,
pero si tú lo conviertes
en un nombre masculino,
ya soy cosa transparente
y en casa bien ilumino.

V.R.

310

Soy la alegría de los niños,
en sus cumpleaños estoy
y en el más festivo mes
nueve días consecutivos
todos me quieren romper.

C. S.

311

V de vecino,
A de albahaca,
C de cochino
y A de alharaca,
por el camino,
paso cansino,
viene la...

G. R.

312

Para hacerme cantar
me cogen por el cuello,
me prensan con la barba,
me frotan las tripas,
me palpan con los dedos,
y a veces me pellizcan.

V. R.

313

Soy aro grande que giro
muy alegre en tu cintura.
Debes llevar bien el ritmo,
así yo no pierdo altura.

C. S.

314

Fíjate qué maravilla
la fruta que se me antoja,
que si verde, es amarilla
y cuando madura, roja.

G. R.

315

Me dicen rey de la selva
y en vez de tener corona
tengo una hermosa melena,
luzco una borla en la cola.

V. R.

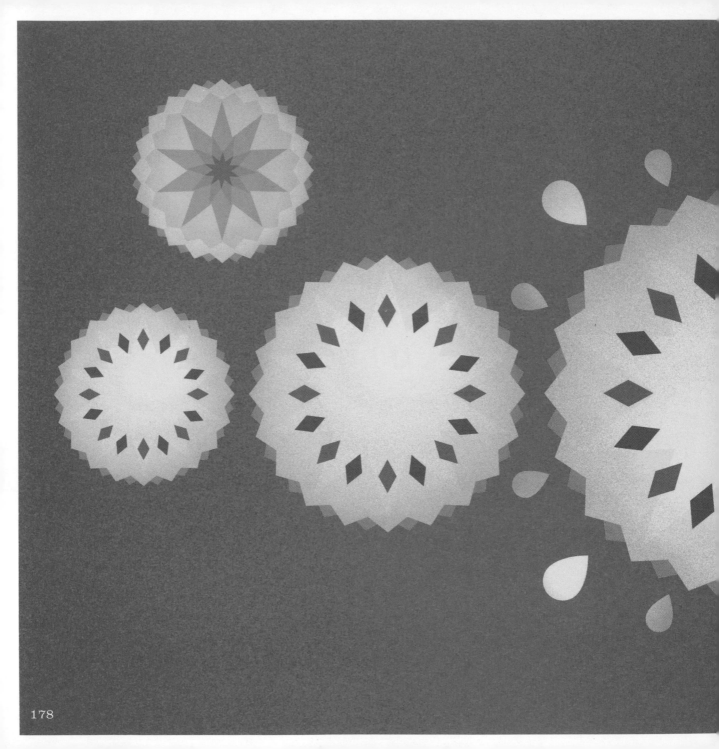

316

Fruto sin semilla
de soles ahíto,
cada rebanada,
dulce y amarilla,
es un solecito.

G. R.

317

Soy flor blanca o amarilla
que perdida me enamoro
de la imagen de mí misma
cuando la veo reflejada
en las aguas cristalinas.

C.S.

318

No soy globo, pero me inflo un poco,
no me escurre, pero tengo moco.

V.R.

319

Si a esta palabra le quito
la tilde, otra cosa expreso,
pues si esdrújula, es un hueso
y si grave, es un dadito.

G.R.

320

Soy feroz, a mí me temen
los jabalíes y los ciervos,
tengo garras poderosas
y franjas en todo el cuerpo.

V.R.

321

No como coles ni nabos,
y no por la boca como,
tengo la boca en el lomo:
como pesos y centavos.

G.R.

322

Adivina, adivinanza,
para no pasar por bobo:
soy alga que no soy alga,
no soy ladrón, pero robo.

V. R.

323

Sin importarnos las *bes*
y las vocales trocando,
un cerco se va encontrando,
una dama nada fea,
algo mayor que una aldea,
una señal en el mar
y un estrépito sonar.

G. R.

324

Salto y salto alto,
soy insecto verde.
¿Me ves colorado...?,
puedes ya comerme
en sabrosos tacos.

C. S.

325

Palabra de cuatro letras:
con la A, llena de puntos,
con la E, lleva un anillo,
con la I, fue una princesa,
con la O, pájaro extinto,
con la U, no me decido.

G. R.

326

Soy una tapa muy fuerte
que me alimento de lluvia,
pero me llego a tapar
cuando me arrojan basura.

C.S.

327

Adivina qué palabra
con la A, dice oneroso,
con la E, no vale nada,
con la I fue rey famoso,
con la O, voces en pleno,
y con U, te pongo bueno.

G.R.

328

Sin estar dentro ni estar afuera,
salgo, me meto, no bromeo;
no soy líquido y me toman,
no soy bronce y bronceo.

V.R.

329

¿A quién, para tu placer
dejas, y no es disparate,
que se beba el chocolate
que tú te vas a beber?

G.R.

187

330

Soy la consorte del pato
y con cuatro como yo
caminan el perro, el gato,
el ratón o el camaleón.

V.R.

331

La enamorada lo tira al suelo,
las despedidas lo alzan al vuelo,
seca sus ojos quien tiene duelo,
es…

G.R.

Soy un ave fantástica y antigua
de plumaje encendido como el fuego.
Cada medio milenio en llamas muero
y resurjo tenaz de mis cenizas.

C. S. y **V. R.**

333

Resiste con fortaleza
—porque, aunque delgado, es bravo—
que le majen la cabeza,
siempre del martillo esclavo.

G. R.

334

Para salvarme del león,
tengo espinas de a montón.

V. R.

335

Pasan los siglos y la ven dormida,
arrebujada en sábanas de nieve.
Sobre su pecho, la parvada leve
de las nubes anida.

G. R.

336

Soy de azúcar, rosadito,
en las ferias siempre estoy;
me enrollan en un palito
para gozar mi dulzor.

C.S.

337

Es mi cola dura y plana,
y tiene forma de espátula;
con mis dientes muy filosos
tiro árboles, los trozo.
Soy experto constructor:
cerca de ríos o lagos
hago mi casa de palos
que por el agua traslado,
pues soy muy buen nadador.

V.R.

338

Chico de cabeza dura
que sólo sabe golpear,
y de ello nadie se apura
ni lo quiere castigar.

G. R.

339

Mi origen es el océano
y paso por el estrecho
de un antiguo artefacto;
así voy midiendo el tiempo.

V. R.

340

Soy ave zancuda
y de cuello largo;
a los matrimonios
dizque yo les traigo
del París lejano
el mejor regalo.

C.S.

341

Se cambia de ropa
cuando se le encoge,
la deja tirada
y no la recoge.

G.R.

342

Con lindo traje multicolor,
siempre aparezco
si llueve con sol.

C.S.

343

Ángeles o pegasos,
tribus que habitan en doradas brumas
y van del viento en brazos
dejando un rastro de nevadas plumas.

G. R.

En los campos abiertos,
con la ayuda del viento,
muy alto vuelo,
y si me das más hilo
me acerco al cielo.

C. S.

196

345

Mi piso es cuadriculado
con sesenta y cuatro cuadros;
tengo treinta y dos guerreros,
unos blancos y otros negros,
en fiera lucha enfrentados.

V. R.

346

Adivina, adivinante,
si eres listo de veras,
¿quién es la más elegante
de todas las calaveras?

C. S.

347

Frota los trazos oscuros
con su goma de borrar
y deja limpios los muros,
aunque hay raspones tan duros
que no se dejan quitar.

G.R.

348

Máscara de ojos azules
y sarape colorido,
por dentro un moreno grita,
de su danza poseído:
"¡Vivan los cara-bonita!"

G. R.

349

Redondo y hueco, soy de metal,
mi tintineo no tiene igual,
sueno que sueno sin descansar
y siempre alegre quisiera estar.
C.S.

350

Ni pulpo ni calamar,
con los pies en la cabeza
es un horrible animal.

G. R.

351

Redondas, vistosas,
chiquitas, medianas,
grandotas y gordas,
casi transparentes,
agüitas y ponches,
de muchos colores,
ruedan, entrechocan,
los niños las juegan,
los niños las gozan.

C.S.

352

Yo soy zancuda y delgada,
entre manglares habito,
ornado de plumas blancas
presumo mi traje fino.

C.S.

353

Adivina, adivinanza,
quién está sin más tardanza
medio minuto en tu boca,
dos horas más en tu panza
y dos años se demora
de tu cintura en la llanta.

V. R.

354

Si cruda, soy roja,
cocida, marrón,
y soy alimento
de tigre y de león.

V. R.

355

Refleja con placidez
en sus aguas a la luna.
El nombre de ella, ¿cuál es?
Lo sabes: es…

V. R.

356

Duermen de día,
y riegan en la noche
su pedrería.[7]

G. R.

[7] Obsérvese que esta adivinanza es,
a la vez, un haiku.

357

El viento me hace ondular
y me vuelve mar dorado.

V. R.

358

Cucharita para el mole,
sarape de los frijoles.

G. R.

359

Tengo dos alas, pero sin plumas,
tengo una cola que es muy dura
y por los aires remonto altura.

V. R.

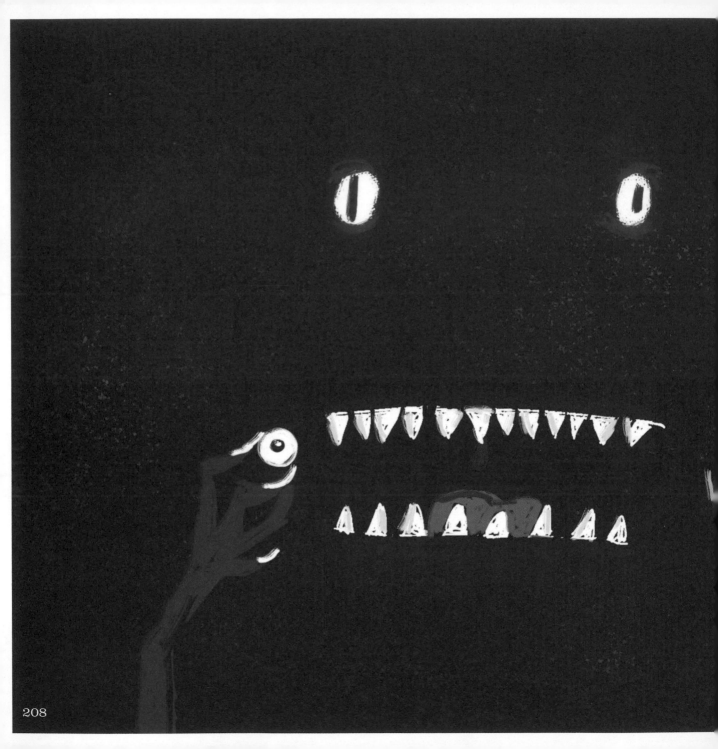

360

La despellejo,
le saco los ojos,
la hago pedazos
y me la como.

G.R.

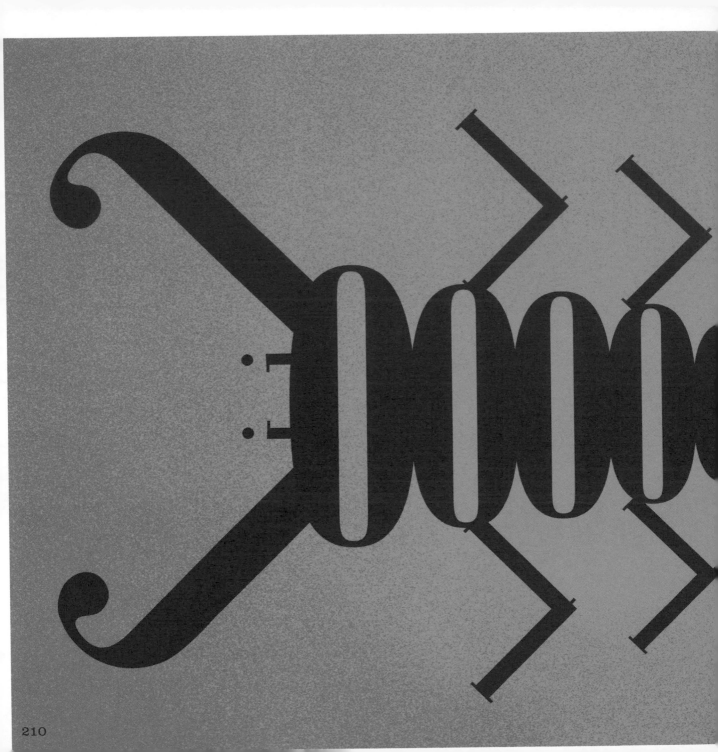

*La siguiente adivinanza es,
en realidad, un poema sintético
de Carlos Gutiérrez Cruz,
citado por José Juan Tablada
en su libro* El jarro de flores, *1922.
A su vez se encuentra en una antología de este
último, que publicó la* UNAM *en 1971.*

361

Sale de algún rincón
en medio de un paréntesis
y una interrogación.

La que sigue es una adivinanza que aparece en la obra Hamlet,
de William Shakespeare. En el cementerio,
cuando van a enterrar a Ofelia, la novia del protagonista,
un sepulturero se la plantea a otro.
"What is he that builds stronger than either the mason,
the shipwright or the carpenter?" [8]

362

¿Quién es aquél que construye
habitaciones más durables
que las que hacen los albañiles
y los constructores de barcos?

[8] William Shakespeare, *Hamlet*, México,
Aguilar, p. 277.

213

El autor de la adivinanza que sigue es Francisco de Quevedo y Villegas (1580–1645), talentoso poeta y escritor español, célebre por su ingenio irónico y sarcástico. Fue evidente que se la dedicó, no de muy buen talante, por cierto, a su colega Luis de Góngora y Argote (1561–1627), poeta y dramaturgo español del Siglo de Oro, con quien sostenía un bien conocido enfrentamiento. Quevedo enarbolaba el conceptismo, Góngora el culteranismo, y sus diferencias llegaron al terreno de lo personal en un diálogo poético.

Érase un hombre a una nariz pegado,
érase una nariz superlativa,
érase una nariz sayón y escriba,
érase un peje espada muy barbado.

Era un reloj de sol mal encarado,
érase una alquitara pensativa,
érase un elefante boca arriba,
era Ovidio Nasón más narigado.

Érase el espolón de una galera,
érase una pirámide de Egipto,
las doce tribus de narices era.

Érase un naricísimo infinito,
muchísima nariz, nariz tan fiera,
que en la cara de Anás fuera delito

Para facilitar la comprensión de la adivinanza anterior, incluimos un pequeño glosario:
sayón hombre de aspecto feroz / verdugo. **Escriba** doctor e intérprete entre los judíos. **Peje** pez / hombre astuto. **Alquitara** alambique, vasija o recipiente para destilar. **Ovidio Nasón** poeta latino de gran fecundidad y facilidad para la versificación (43 a.C.–18 d.C.). **Espolón** pieza aguda y saliente, de hierro, en la proa de las galeras. **Galera** barco antiguo de guerra o de comercio que se movía con velas o con remos. **Anás** nombre judío. **A-nas** desde un punto de vista etimológico significa sin nariz.

364

Escuchen qué cosa y cosa
tan maravillosa, aquesta:
un Marido sin mujer,
y una casada, Doncella.

Un Padre, que no ha engendrado
a un hijo, a quien otro engendra;
un Hijo mayor que el Padre,
y un Casado con pureza.

Un hombre, que da alimentos
al mismo que lo alimenta;
cría al que lo crió, y al mismo
que lo sustenta, sustenta.

Manda a su propio Señor,
y a su hijo Dios respeta;
tiene por Ama una Esclava,
y por Esposa una Reina.

Celos tuvo y confianza,
seguridad y sospechas,
riesgos y seguridades,
necesidad y riquezas.

Tuvo, en fin, todas las cosas
que pueden pensarse buenas;
y es, en fin, de María esposo,
y de Dios, Padre en la tierra.

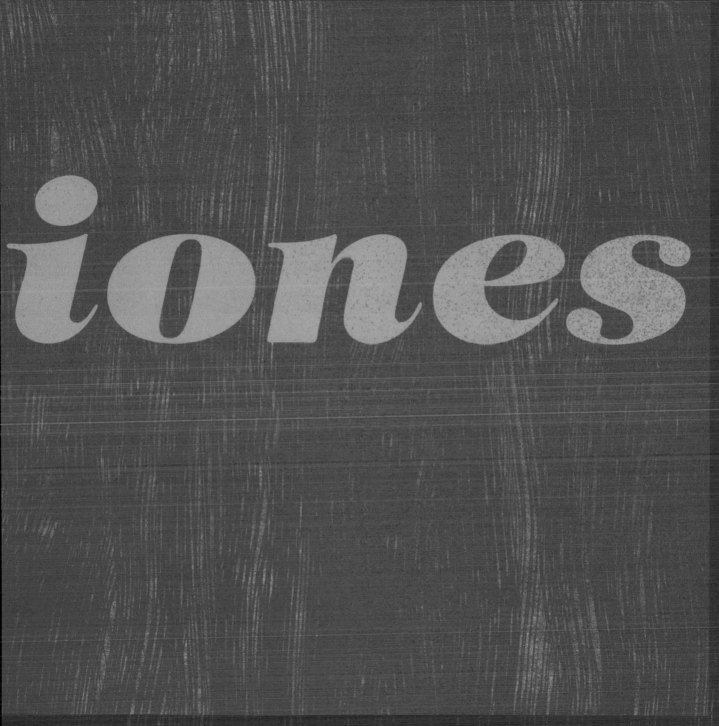

Adivi-
nanzas
populares

1 la ballena
2 los cerillos
3 las estrellas
4 la luna
5 nada, Adán
6 la gallina
7 la regadera
8 la sal
9 Vicenta
10 el caballito de mar
11 la gallina
12 el grillo
13 Roma (amor)
14 el año bisiesto
15 el futbol
16 la guitarra
17 la madreselva
18 Sancho Panza
19 la nube
20 el anillo
21 la torre Eiffel

22 el guante
23 el calcetín
24 el coche
25 Laika
26 tu papá
27 el pozo
28 la ardilla
29 la almohada
30 el sartén
31 la abeja
32 la gota de agua
33 el tulipán
34 los ojos
35 la abeja
36 la araña
37 la aguja y el hilo
38 el sillón
39 el timbre y la carta
40 la piñata
41 la M mayúscula
y minúscula

42 la margarita

43 las estrellas

44 la luna

45 el árbol

46 el humo

47 el muerto en el ataúd

48 la luna

49 la araña

50 el león

51 el bacalao

52 la víbora

53 el koala

54 el panda u
oso panda

55 el naranjo

56 el camaleón

57 la jota

58 la media

59 la hormiga

60 el calzón

61 el martillo

62 Esteban

63 los caballos

64 el búho o tecolote

65 el anillo

66 las llaves

67 el signo de interrogación

68 las luciérnagas

69 la orquídea

70 la pelota

71 la muñeca

72 el arado (y la tierra)

73 el damasco[9]

74 los zapatos

75 la araña

76 la vaca

77 el ancla

78 la gallina empollando

79 la ballena

80 el suelo

81 la leche

82 la araña

[9] Fruto parecido al albaricoque.

83 *la ventana*

84 *el algodón*

85 *el espejo*

86 *la sombra*

87 *el bacalao*

88 *el acordeón*

o el bandoneón

89 *la sal*

90 *la luciérnaga*

91 *los cerillos*

92 *la letra O*

93 *el yato*

94 *el canguro*

95 *el aceite*

96 *el huevo*

97 *el calcetín*

98 *las abejas*

99 *el alacrán*

100 *el hombre*

101 *el conejo*

102 *la cama*

103 *el té*

104 *el arcoíris*

105 *el trueno*

106 *el tiempo*

107 *la luna*

108 *el árbol*

109 *la malte-hada*

110 *la camiseta,*
la sudadera, el suéter

111 *febrero*

112 *la berenjena*

113 *el ajo*

114 *la luna*

115 *los clavos*

116 *la sombra*

117 *la boca*

118 *la rueda*

119 *la gasolina*

120 *el pez*

121 *la cebolla*

122 *el perejil*

123 las niñas de los ojos

124 el ratón

125 el caballo

126 la escuela

127 los patos silvestres

128 la huella

129 las estrellas

130 los anteojos

131 el polvo

132 las hormigas

133 la jirafa

134 Vicente Páramo

135 el nombre

136 el agua

137 el año, los meses, las semanas y los días

138 las cabezas

139 la conciencia

140 el papalote

141 el mar

142 la aceituna negra

143 el trigo

144 el sol

145 el árbol o el bosque

146 la mamá

147 la manzana

148 el jitomate

149 la pera

150 el elefante

151 la luna

152 el gato (porque es gato y araña)

153 don Quijote de la Mancha

154 el petróleo

155 la luna

156 el chayote

157 los pies

158 el ciprés

159 el periódico

160 lentejas

161 el gallo

162 el pianista
163 el fuego
164 las llaves
165 el estanque
166 el perro
167 las castañas
168 la sal
169 el lápiz
170 el agua
171 el coco
172 la letra E
173 el girasol
174 el granizo
175 las lentejas
176 el retrato
177 los pantalones
178 el alacrán
179 el pez
180 los helados
181 las habas
182 la nuez

183 el vino
184 el pingüino
185 la pimienta
186 la cucaracha
187 la garrapata
188 la hoja
189 la palmera
190 la foca
191 el balón
192 la mentira
193 el tambor
194 la guitarra
195 Lucifer
196 Boabdil, el último
rey moro
197 el ratón
198 el leopardo
199 el desierto
200 la mariposa
201 el río y los peces
202 el dominó

203 la mina

204 el espejo

205 los zapatos

206 la serpiente

207 la colcha

208 la mesa

209 la letra S

210 el árbol o el bosque

211 el foco o bombilla

212 el violín

213 la lluvia

214 la primavera

215 la gaviota

216 la estrella

217 la biblioteca

218 el sol

219 la mula

220 la llama

221 el zapato

222 la concha

223 la llave

224 la lombriz

225 la liebre

226 la escalera

227 el diccionario

228 las golondrinas

229 el gato

230 el cerillo

231 la sandalia

232 el delfín

233 el dos

234 la persiana

235 la bufanda

236 el ombligo

237 la estufa

238 el limón

239 la silla

240 el cero

241 los guantes

242 el tabaco

243 el aliento

244 el padre

Adivinanzas de autor

245 la luna
246 el pedicuro
247 la calabaza
248 el trébol
249 el sol
250 el flamenco
251 el café
252 la chayotera
253 la falda
254 el hipócrita
255 el elefante
256 la tuna
257 el pollo
258 el hipopótamo
259 el tren
260 el río
261 la máscara
262 chucho
263 el caracol de mar
264 la rosa
265 la espina

266 el pegaso
267 la coma, el coma
268 la amapola
269 el punto
270 la jirafa
271 el libro
272 el espantapájaros
273 la nochebuena
274 diente de león
275 el guante
276 la cama
277 el unicornio
278 la venadita
279 el oso
280 la vicuña
281 el búho o tecolote
282 chile piquín
283 el chile
284 la lechuga
285 la anguila – el águila
286 la noche

287 la lima

288 el mango

289 la seta

290 el agua

291 la tortuga

292 la tierra

293 el día

294 el colorín

295 la mecedora

296 helado

297 el becerro

298 el mirasol

299 el acordeón

300 el perro

301 los ojos

302 Pinocho

303 la pesadilla

304 el pájaro carpintero

305 el secreto

306 la nube

307 el insomnio

308 las uvas

309 la foca (y el foco)

310 la piñata

311 la vaca

312 el violín o la viola

313 la hula hula

314 la manzana

315 el león

316 la piña

317 el narciso

318 el guajolote

319 cúbito, cubito

320 el tigre

321 la alcancía

322 el algarrobo

323 valla, bella, villa, boya, bulla

324 el chapulín

325 dado, dedo, Dido, dodo, dudo

326 la coladera o alcantarilla

327 caro, cero, Ciro, coro, curo

328 el sol

329 al pan

330 la pata

331 el pañuelo

332 el ave Fénix

333 el clavo

334 el puerco espín

335 El Iztaccíhuatl

336 el algodón de azúcar

337 el castor

338 el martillo

339 la arena del reloj de arena

340 la cigüeña

341 la culebra

342 el arcoíris

343 las nubes

344 el papalote

345 el ajedrez

346 la catrina

347 el olvido

348 el parachico[10]

349 el cascabel

350 el piojo

351 las canicas

352 la garza

353 el bocado o la comida

354 la carne

355 la laguna

356 las estrellas

357 el trigal

358 la tortilla

359 el avión

360 la piña

361 el alacrán

362 el sepulturero

363 Luis de Góngora

364 San José[11]

[10] Se trata de un danzante popular de la tradición de Chiapa de Corzo, Chiapas.

[11] Romance a San José de Sor Juana Inés de la Cruz.

abcdefgh
ijklmnñop
qrstuvwxyz

Soluciones por orden alfabético
(el número indica la adivinanza)

terminó de imprimirse en 2015
en los talleres de Editorial Impresora Apolo, S.A. de C.V.
Centeno 150-6, colonia Granjas Esmeralda,
delegación Iztapalapa, 09810, México, D.F.
Para su composición se usaron
las fuentes Clarendon e ITC Tifany.